Friedrich David Gräter

Zwei anakreontische Lieder zergliedert und beurteilt

Friedrich David Gräter

Zwei anakreontische Lieder zergliedert und beurteilt

ISBN/EAN: 9783743366411

Hergestellt in Europa, USA, Kanada, Australien, Japan

Cover: Foto ©Thomas Meinert / pixelio.de

Manufactured and distributed by brebook publishing software (www.brebook.com)

Friedrich David Gräter

Zwei anakreontische Lieder zergliedert und beurteilt

Zwey
Anakreontische Lieder
zergliedert und beurtheilt.

Eine Vorlesung

von

Friedrich David Gräter,
Der Philosophie Doctor und Lehrer an dem
Gymnasium der Reichsstadt Halle.

Gehalten am 18. September.

Leipzig,
in der Gräffschen Buchhandlung
1790.

Seinen

theuern und geliebten

Zuhörern

zum

ANDENKEN

mitgegeben

von

Ihrem

Freund und Lehrer.

Lezte Vorlesung
über
Anakreon.

Als ich Jhnen, m. H. bey dem Anfange dieser Vorlesungen von der Nothwendigkeit sagte, die gewöhnliche Liederfolge verlassen und eine eigene befolgen zu müssen; so geschah das schon nicht ohne gegründete Ahndung, daſs wir das Ganze nicht vollenden möchten. Eine Einleitung über den Anfang und Fortgang der griechischen Dichtkunst bis auf unsern Tejer, über Anakreons Leben und Zeitumſtände, über ſeinen moraliſchen und poëtiſchen Charakter und Werth, über die Aechtheit und Anzahl, Ausgaben, Ueberſetzungen und Erläuterungsſchriften ſeiner Lieder war ich Jhnen ſchuldig, und ich muſste ſelbſt, weil Sie bisher noch keine Anleitung hatten, zur Kenntniſs der griechiſchen Proſodie und der Dialecte, auch über dieſe noch einiges vorausſchicken. Bey einer ſo aufhaltenden Einleitung konnte ich leicht vermuthen, daſs vier und zwanzig Vorleſungen zur Erläuterung einer ſo groſſen Anzahl von Liedern bey weitem nicht hinreichen würden, zumal ich bey einer ſtatariſchen Interpretation nur langſame Fortſchritte machen, und nicht wie bey einer curſoriſchen Lectüre eilen durfte. Daher entſchloſs ich mich ſogleich, die Lieder nach eigenem Gutbefinden anzuordnen, und Jhnen die unbezweifelten vor den zweifelhaften, die ächten vor den unächten, die vortreflichen vor den elenden vorzutragen. Dieſe Methode ſchien mir unter unſern Umſtänden die vortheilhafteſte und nützlichſte. Die vor-

vortheilhafteſte, weil Sie bey einer ſolchen Anordnung auf jeden Fall, wir mochten früher oder ſpäter abbrechen, eine groſſe oder geringe Anzahl zu Rande bringen, immer verhältnifsmäfsig am wenigſten verlieren muſten. Die nützlichſte, weil ich glaubte, wenn Sie die Schönheiten der erſtern empfunden und erkannt, aus ihnen den Geiſt des Tejers ſtudiert, ſeine Sprache gewohnt, ſeine Manier und Wendungen mit aufmerkſamem Aug und Ohre gefafst hätten, ſo würde es Jhnen bey der Lectüre der leztern leichter werden, wahres Gold von nachgemachtem, ächten Witz von unächtem zu unterſcheiden, und ſagen zu können: „das iſt Anakreons Geiſt, das „iſt er nicht!" Und dahin ſuchte ich Sie von Anfang zu leiten, das war der Zweck, den ich immer vor Augen hatte.

Wir endeten vor acht Tagen die Interpretation der unbezweifelt ächten Lieder des Tejiſchen Sängers. Jch hätte nun damit auch abbrechen und meine Vorleſungen ſchlieſsen können. Allein ich weiſs nicht, meine Liebe zu Jhnen und ſelbſt

ein

ein dunkles Gefühl von Pflicht nöthigen mich, auch diefe einzige kurze Stunde, die mir Jhre bevorftehende Reife in den Sitz der Mufen noch übrig läft, Jhnen und Jhrer Lehrbegierde zu weihen. Erwarten Sie aber nicht, dafs ich in diefen wenigen Augenblicken noch mit der Erklärung der zweyten Claffe Anakreontifcher Lieder den Anfang machen follte, es würde für Sie und mich von geringem Nutzen feyn. Jch will lieber die lezte Stunde unferer Zufammenkunft nun noch dazu anwenden, Jhnen an einem Beyfpiele zu zeigen, wie Sie bey künftiger Privatlectüre, der zweifelhaften Stücke das Gute vom Schlechten, das ächte vom unächten, Original von Nachahmung, Natur von Künfteley, Gefchmack von Afterwitz zu unterfcheiden haben. In diefer Abficht wähle ich zwey Lieder, die in dem auffallendften Verhältniffe mit einander ftehen, das fiebenzehnte nemlich, mit welchem wir anfingen; und das gleich darauf folgende achtzehnte; erfteres an Hephäftos oder Vulcan, das zweyte aber an einen unbekannten Künftler gerichtet.

Jch

Ich überſetze beyde in Proſa. weil das eine ſchwerlich in deutſchen anakreontiſchen Verſen mit der Kürze und Simplicität des Originals, auch die Leichtigkeit, die Schönheit und den Wohlklang deſſelben erreichen kann; das andere aber zu unſinnig iſt, als daſs es die Mühe einer metriſchen Ueberſetzung verdiente.

An Hephäſtos *).

„Wenn du einmal dies Silber verar-
„beiteſt, Hephäſtos, fo mache wir daraus
„eine

---

*) Τον αργυρον τορευσας,
Ἡφαισε, μοι ποιησον
Πανοπλιαν μεν εχι,
Τι γαρ μαχοισι καμοι;
5. Ποτηριον δε κοιλον,
Ὁσον δυνη βαθυνας.
Ποιει δε μοι κατ' αυτο
μηδ' ασρα, μηδ' ἁμαξαν,
μη συγγον Ὠριωνα.
10. Τι πλειαδων μελει μοι;
Τι δ' ασερος Βοωτου;
Ποιησον αμπελους μοι,
Και βοτρυας κατ' αυτων,
Και χρυσεος πατευντας,
15. Ὁμου καλῳ Λυαιῳ
Ερωτα και Εαθυλλον.

„eine Waffenrüstung eben nicht, denn
„was hätte ich mit Kämpfen zu schaffen?
„— aber einen Pokal, so weit und tief
„du ihn machen kannst."

„Auch bilde mir darauf weder die Ge-
„stirne, noch den Wagen, noch den feind-
„seeligen Orion. Was kümmern mich
„die Pleiaden? Und was der Stern des
„Bootes? — Weinstöcke sollst du mir
„machen, und Trauben daran, und golde-
„ne Keltertreter, nebst dem schönen
„Lyäus Eros und Bathyll."

So lautet das siebenzehnte Lied Wort
für Wort, ohne die mindeste Verschöne-
rung. Und nun hören Sie das achtzehnte
dagegen. Ich nehme den Brunkischen
Text, wie er in der Degenschen Alten-
burger Edition steht, um ja dem Verfasser
nicht Unrecht zu thun; denn wahrscheinlich wird doch das Lied durch Brunks
Verbesserungen gewonnen und nicht ver-
loren haben.

An

An einen Künstler *).

„Geschickter Künstler, du sollst einen
„süssen Frühlingsbecher meisseln, zuerst
„die Stunde, die uns die angenehmen Ro-
„sen bringt. Und wenn du das Silber ge-
„trieben hast, so mache mir eine angench-
„me Trinkgesellschaft. Nur dass du ja
„nichts meisselst, was den Festen beym
Weine

*) Odar. XVIII.

Καλλιτεχνα, τορευσον
Ιαρος κυπελλον ήδυ·
Τα τερπνα την πρωθ' ήμιν
Ροδα φερβσαν ώρην.
5. Τον αργυρον δ' απλασας
Ποιει ποτον μοι τερπνον.
Μη των παρ' οινη τελετων
Ειγεν τι μοι τορευσης
Μη φουκτον ιτορημα.
10. Μαλλον δε ποιει τον Διος
Ευιον ήμιν εκγονον,
Μυσιν τε των ποθων Κυπριν
Ύμεναιες συγκροτβσαν.
Χαρασσ' Ερωτας ανοπλβς
15. Και Χαριτας γελωσας
Ύπ' αμπελον ευπεταλον
Ευβοτρυον, κομωσαν.
Συναπτε κβρες ευπρεπεις,
Ομβ δε φοιβος αθυροι.

„Weine fremd ift, nur keine verhafste Ge-
„fchichte. Lieber aber mache mir Bac-
„chus, Zeus Sohn, und Cypris, die Priefterin der Begierden, welche die Hochzeit-
„reigen anführt, Schneide unbewaffnete
„Liebesgötter und lachende Grazien unter
„einen wohlbelaubten, traubenfchweren,
„breitgefchmückten Weinftock. Füge noch
„wohlgeftalte Knaben hinzu, und darneben
„möge Apollo fpielen."

Es fpringt gleich bey dem erften An-
blick diefer beyden Lieder in die Augen,
dafs das leztere eine Nachahmung des er-
ftern ift. Alles foll in diefem jenem ähn-
lich feyn. Jener will einen Becher von
Vulcan, diefer von einem Künftler; jener
einen von Silber, diefer auch; jener will
etwas auf feinen Becher gebildet, diefer
auch; jener will keine Pleiaden, keinen
Unftern Orion, diefer ebenfalls keine ver-
hafte Gefchichte u. f. w. Jener will Weinftöcke, diefer auch; jener den Bacchus und
Eros, diefer den Bacchus, die Cypris, die
Eroten und Grazien; jener den fchönen
Kna-

Knaben Bathyll, und auch diefer verlangt noch zulezt wohlgeftalte Knaben.

Schon der Jnnhalt des Liedchens an Vulcan, die Artigkeit und Feinheit des Scherzes, die natürliche Schönheit der Gedanken und des Ausdrucks verrathen den Tejifchen Sänger, wenn wir auch nicht ohnehin fchon von feinem Verfaffer gewifs wären. Der andre — mag er feyn, wer er will, fein ängftliches Anfchmiegen an das Original ift das ächte Kennzeichen eines gemeinen und fklavifchen Genies, das niemals mit eigenen Augen fieht und mit eigenem Herzen empfindet, überhaupt eines folchen Mannes, unter deffen Händen kein Werk der freyen Künfte gedeihen kann. Die Zergliederung der beyden Lieder, und eine nähere Vergleichung wird Sie, m. H. fattfam überzeugen, wie wahr und fchonend diefe Behauptung ift.

Um Anakreons Lied in das gehörige Licht zu fetzen, mufs ich Sie auf eine Erzählung Homers in dem achtzehnten Gefange feiner Jliade aufmerkfam machen.
„Achill

„Achill verlor durch den Fall feines Freun-
„des Patroklus die Waffenrüftung, die er
„ihm geliehen hatte, und war nun unfähig
„zum Kampfe. Thetis, die auf das Gejam-
„mer ihres Sohnes dem Meere entftieg,
„vernahm fein Unglück und tröftete ihn
„mit dem Verfprechen, ihm bis auf den
„folgenden Tag eine neue Waffenrüftung
„von Vulcan verfertigen zu laſſen. Sie
„geht in den grofsen Olymp zu dem
„Kunftberühmten Gotte, klagt, dafs Sie
„mehr Kummer als eine der Unſterblichen
„zu dulden habe, erzählt den Unfall, und
„bittet den Hephäftos, ihrem „bald fter-
„benden" Sohne eine neue Waffenrüftung
„zu geben. Hephäftos antwortet wegen
„ehmals geleifteter Dienfte fehr freundlich,
„und verfpricht ihrem Sohne die fchönften
„Waffen zu fchmieden."

Nun fährt Homer mit dem 468. v. *)
alfo fort. Jch mufs Jhnen fchon, weil
ich

*) Homer. Iliad. B. XVIII. v. 468 — 489.

Ως ειπων, την μεν λιπεναυτȣ, βη δ' επι φυσας
Τας δ' ες πυρ ετρεψε, κελευσετε εργαζεσθαι.

470.

ich keine einzige Ueberſetzung zur Hand habe, dieſe Verſe ſelbſt überſetzen, ſo gut als ſie in einer flüchtigen Minute gerathen können.

Alſo ſprach er, ließ ſie (die Thetis) da
ſtehen und gieng zu den Bälgen,
Brachte ſie an den Heerd und befahl izt
anzufangen.
Und die Bälge blieſen in zwanzig Oefen
nun alle,
Hauchten bald ſchnell, bald langſam, den
leichtanzündenden Athem,
Nun

470. Φυσαι δ' εν χοανοισιν εεικοσι πασαι εφυσων
Παντοιην ευπρηστον αϋτμην εξανιεισαι,
Αλλοτε μεν σπευδοντι παρεμμεναι, αλλοτε
δ' αυτε,
Όππως Ήφαιςος τ' εθελοι και εργον ανοιτο.
Χαλκον δ' εν πυρι βαλλεν ατειρεα, κασσι-
τεροντε,
475. Και χρυσον τιμηντα και αργυρον. αυταρ επειτα
Θηκεν εν ακμοθιτῳ μεγαν ακμονα, γεντο δε
χειρι
ραιστηρα κρατερον, ἑτερηφι δε γεντο πυραγρην.
Ποιει δε πρωτιστα σακος μεγα τε, στιβαρον τε
παντοσε, δαιδαλλων, περι δ' αντυγα βαλλε
φαεινην

480,

Nun wenn er eilte geschwind zu gehor-
 chen, nun wieder anders,
Wie es Hephästos gefiel. Und es gieng
 von statten die Arbeit.
Zinn aber warf er ins Feuer, und niege-
 bändigtes Eisen,
Und köstliches Gold und Silber. Drauf
 aber sezt' er den grofsen
 Ambos

480. Τριπλακα, μαρμαρεην, εκ δ' αργυρεην τελα-
 μωνα·
 Παντι δ' αρ' αυτυ αεκν σακεος πτυχες· αυταρ
 εν αυτω
 Ποιει δαιδαλα πολλα ιδυιησι πραπιδεσσιν.
 Εν μεν γαιαν ετευξ', εν δ' αρανον, εν δε
 θαλασσαν,
 Ηελιον ακαμαντα, Σεληνην τε πλησθεσαν,
485. Εν δε τε τειρεα παντα, τα τ' ερανος εστε
 φανυται,
 Πληιαδας θ', Ὑαδας τε, το τε σθενος
 Ωριωνος,
 Αρκτον θ', ἡν και αμαξαν επικλησιν κα-
 λεεσιν, κ. τ. λ.
608. Αυταρ επειδη τευξε σακος μεγα τε στιβαροντε
 Τευξ' αρα οἱ θωρηκα φαεινοτερον πυρος
 αυγης·
 Τευξε δε οἱ κορυθα βριαρην, κροταφοις
 αραρυιαν,
 Καλην, δαιδαλεην· επι δε χρυσεον λοφον ἧκε.
 Τευξε δε οἱ κνημιδας ἑανυ κασσιτεροιο.

Ambos auf den Eisenstock hin, und ergriff
seinen mächtgen
Hammer mit einer Hand, mit der andern
aber die Zange:
Schmiedete nun zuerst einen S c h i l d, ei-
nen grosen und starken,
Zierlich auf allen Seiten, umkränzt' ihn
mit glänzendem, buntem,
Dreyfachem Rand' und beschlug ihn aussen
mit Silber.
Fünf aber waren der Felder des Schildes,
und auf denselben
Macht' er des künstlichen viel mit verstän-
digem Sinne;
Bildete drauf die Erde, drauf das Meer
und den Himmel,
Drauf die unermüdete Sonne, die volle
Luna,
Und die Z e i c h e n alle darauf, die den
Himmel bekrönen,
Die P l e i a d e n und die H y a d e n, die
Kraft O r i o n s,
Und den A r c t o s, der auch der Himmels-
wagen genennt wird. u. s. w.

B   Aber

„Aber nachdem er den Schild vollendet, den grofsen und ftarken,
Macht' er ihm auch einen Panzer das
Feuer an Glanz überftrahlend,
Macht' einen riefenmäfsigen Helm ihm,
gefchmiegt nach den Schläfen,
Schön und künftlichgefchmückt, und fezt'
einen goldenen Bufch drauf,
Macht' ihm zulezt auch Stiefel von blinkendem Zinne.

Hephäftos batte alfo diefer Mythe zu Folge dem Helden Achill eine Waffenrüftung verfertigt, Schild, Helm, Panzer und einen Beinharnifch. Anakreon, der den Vorzug gefellfchaftlicher Freuden beym Pokale vor der Liebe zum Kriegerruhm, zu fchätzen und Macht in hunderterley feinen Empfindungen darzuftellen oder unter Blumen anzudeuten wufste, zog auch aus diefer Homerifchen Stelle, oder wenn Sie lieber wollen, aus diefer Mythe den Stoff zu einer neuen reizenden Einkleidung feiner Lebensweisheit. Dem Liedchen an Hephäftos liegt wenigftens kein anderer

Ge-

Gedanke zum Grunde als der, dafs ihm die Thaten des Ruhms, nach welchen so viele streben, nicht kümmern, dafs er froher sey bey bescheidenem Pokale und beym weisen Genusse der Liebe. In welche reizende Hülle wuste er dies durch die Anrede an Hephästos zu kleiden! Wahrscheinlich veranlaste ihn zu diesem glücklichen Gedanken die Betrachtung eines Stück Silbers, das er besaß. Es fiel ihm dabey Vulcan ein, wie er dort im Homer dem Achill eine Waffenrüstung schmiedete, und er brach auf einmal in jene scherzenden Worte aus.

Wenn du einmal diefs Silber verarbeitest, Hephästos. Mit den ersten Worten läfst uns Anakreon sogleich in der simpelsten Natursprache den Gesichtspunct seines Einfalles sehen. Wir errathen augenblicklich, worauf er zielt, und dafs er scherzen will.

So muſst du mir daraus keine Waffenrüstung machen. Ja, sind wir ganz in seinem Einfalle orientirt. Es ist kein Zweifel mehr, daſs der Dichter jene Homerische Mythe vor Augen hat. **Keine Waffenrüſtung wie dem Achill,**

denn was habe ich mit Schlachten zu ſchaffen? Dieſe Frage fällt ſo natürlich ein, daſs man meint, man würde ſelbſt ſo gefragt haben. Achill brauchte Waffen, um mit dem Priamiden Hektor kämpfen zu können, ich aber, mit wem hätte ich zu kämpfen?

aber einen weiten Pokal, ſo tief du ihn machen kannſt. Der ſcherzvollſte Gegenſatz — keine Waffenrüſtung, ſondern einen Pokal. Das iſt meine Freude, wenn mir der honigfarbne ſüſse Wein im Becher glänzt, wenn ich mit den Jünglingen in die Wette trinke, aber kämpfen mag ich nicht. Darum wirſt du beſſer einen weiten Pokal aus dieſem Silber verfertigen, als eine Waffenrüſtung.

Und mache mir darauf weder die Geſtirne, noch den Himmelswagen, noch den

furcht-

furchtbaren Orion. Wie getreu der Dichter seiner einmal genommenen Wendung bleibt, unb wie er sie so schön auszuführen weiss! Auch jenen Umstand, dass Vulcan auf dem Schilde Achills alle die Zeichen,

> die den Himmel bekrönen,
> Die Pleiaden und die Hyaden, die
> Kraft Orions
> Und den Arctos

abbildete, benützt er, und giebt damit seinem artigen Scherze die ganze Vollendung und Rundung. Und wenn du mir auch, sagt er, auf meinen Pokal etwas künstliches zu bilden gedenkst, so bilde mir darauf nicht die Himmelszeichen, die Pleiaden und Hyaden (denn diese versteht er ohne Zweifel unter den Gestirnen, $\alpha\sigma\rho\alpha$) noch den Himmelswagen, noch den fürchterlichen Orion, wie auf den Schild des Achilles.

Denn was kümmern mich die Pleiaden? und was der Stern des Bootes? Eine eben so schön und natürlich wie vorhin angebrachte

brachte Frage, und zugleich eine Art von derjenigen lyrischen Wiederholung, die in solchen kleinen Liedern den Scherz, wie in der hohen Ode die Empfindung erhöht, und ihren Eindruck verstärkt. **Was kümmern mich, u. s. w.** Jch kann hier nicht umhin, eine vielleicht kleinlich scheinende Anmerkung zu machen, die aber doch, wie ich glaube, einer Prüfung nicht unwerth ist. Die Kritiker find, wie Sie sich noch aus den Stunden, in denen ich Jhnen dieß Lied erklärte, erinnern werden, uneinig, welche Leseart ($τι$ $μελειμοι$ oder $τι - καμοι$) der andern vorzuziehen sey, wenigstens sind ihre Gründe nicht entscheidend. Mich dünkt, es liegt darin eine feine Kritik, oder wenn Sie lieber wollen, ein subtiles Gefühl des Schicklichen, warum der Dichter bey den Pleiaden und dem Stern Bootes nicht wie oben bey den Schlachten, obgleich bey der nemlichen Frage, dennoch nicht den nemlichen Ausdruck gebraucht. Mit den Schlachten kann man etwas zu schaffen ($κοινον$, gemein) haben, aber nicht mit den Sternen. Auf den

den Ausgang einer Schlacht wirken wir, die Sterne aber wirken auf uns. Dem Seefahrer liegt daran, ob ein der Schiffarth günstiges oder ungünstiges Gestirn aufgeht, der Ausgang einer Schlacht aber liegt an dem Krieger. Der Schiffer bekümmert sich um die Gestirne, der Kämpfer aber hat mit dem Kampfe selbst zu thun. Daher sagt der Dichter oben: was habe ich mit Schlachten zu schaffen? hier aber: was kümmern mich oder was bekümmere ich mich um die Pleiaden? — Und was der Stern des Bootes? Stern gilt hier soviel als Gestirn, und das Gestirn des Bootes kann dem ganzen Zusammenhange nach mit dem vorigen keinesweges von dem Gestirne, das den Namen Bootes führt, erklärt werden, wie einige Interpreten es erzwingen und mit der dichtrischen Freyheit entschuldigen; sondern der Dichter versteht darunter ohne Zweifel den Arktos, den Bären oder Himmelswagen selbst, von welchem er vorher sprach. Eine sehr natürliche Erklärung, denn wenn man

man Bootes den Hüter des Bären nannte, so konnte man auch den Bären sehr schicklich das Gestirn des Bootes (das von Bootes bewachte Gestirn) heißen. Aber auf die dichtrische Freyheit beruft man sich oft bey der Erklärung alter Dichter nicht mit dem nemlichen grano salis, mit dem ein Dichter verwandte Dinge zuweilen für einander gebraucht.

Weinstöcke sollst du mir machen, und Trauben daran, und goldene Keltertreter, nebst dem schönen Lydus Eros und Bathyll. Diese und gerade nicht mehr und nicht weniger Worte halte ich für ächt in dem mit Varianten so überaus heimgesuchten Schlusse dieses Liedchens. Die lesenden Mänaden und die Weinkelter, die man noch hinzufügt, sind ein zwar schicklicher aber unnöthiger Zusatz. Anakreon überlädt seine Gemählde nie. Auch wird der Schluß durch die Wiederholung des Wortes ποίει schleppend: Weinstöcke sollst du mir machen, und Trauben und lesende Mänaden — und nun abermals: — mache auch

auch eine Weinkelter u. f. w. Zugleich macht diese Erweiterung das Gemählde als Gegensatz des 7 — 9. Verses unproportionirt lang. Ueberhaupt aber braucht der Dichter dem Hephästos nicht alles zu sagen, genug dafs er Weinstöcke mit Trauben und Keltertreter verlangt, so versteht sich von selbst, dafs auch Traubenleser und eine Kelter dazu gehören. Soviel eigenen Verstand darf er einem göttlichen Künstler wohl zutrauen. Hingegen wie schicklich und nothwendig zum Gemählde, wie voll Bezug auf das ganze Liedchen und den Dichter selbst alles was er verlangt! W e i n st ö c k e mufsten zuerst auf einen Weinpokal. Alles andere lag minder nahe, würde also mehr gesucht und weniger natürlich gewesen seyn. U n d T r a u b e n d a r a n. Naiver war das nicht zu sagen. Es versteht sich beynahe von selbst, dafs man keinen Weinstock ohne Trauben machen wird, dennoch erinnerts der Dichter besonders, damit es ja nicht vergessen werde. U n d g o l d e n e K e l t e r t r e t e r. Warum diese? Ursache genug, wie sollte

Anakreon feine Wünsche und fein Gemählde fo todt laffen? Die leblofe Gruppe mufs
noch lebendig werden, der fcherzhafte
Einfall trift noch zulezt fein Herz, und
auch das unfrige. Goldene Keltertreter,
und wen? Den Gott des Weins Lyaeus
freylich nicht vergeffen, aber vorzüglich
Eros den Gott der Liebe, und Bathyll,
den Geliebten Anakreons. So fchliefst der
Dichter fein Liedchen und feine Wünfche
mit dem Triumvirat feines Herzens!

Diefer Einfall an Hephäftos ift alfo
meifterhaft ausgeführt, meifterhaft in der
That, obgleich ganz natürlich und prunk-
und fchmucklos. Denn das ift eben die
gröfste Kunft in folchen kleinen Stückchen,
blofs durch die natürliche Schönheit der
Einfälle und die Naivität der Wendungen
zu gefallen. Wer fchon folchen Kleinig-
keiten durch Epitheten — Phrafen — und
Parenthefenfchmuck aufhelfen will, dem
fehlt es entweder an Gewandheit des Gei-
ftes oder an Gefchmack. Hier aber ift
nichts überladen, kein Wort unnütz, mit
einem

einem einzigen Zuge erhält jeder Gedanke seine Lebendigkeit. Der Dichter scherzt und bleibt seinem Scherze getreu bis auf das lezte Wort. Alles hat Grund, alles Bezug, alles Zweck.

Ganz anders verhält es sich mit dem Liede des Nachahmers, das ich Jhnen nun zergliedern mufs.

Geschickter Künstler, hebt er an, *du sollst einen süfsen Frühlingsbecher meisseln.* Jch weifs nicht, ob man bey einer solchen Anrede an den geschickten Künstler über die Ungeschicklichkeit des Dichters lachen oder unwillig werden soll. Soviel Worte, soviel W a r u m ? drängen sich dem Leser auf, die er sich aus dem Gedichte nicht beantworten kann. Ge s ch i ck t e r K ü n s t- l e r. Was ist das für ein Künstler? warum, heifst ihn der Dichter g e s c h i c k t? Wird etwa zu dem, was er von ihm verlangt, eine höhere Geschicklichkeit in der Kunst erfordert, als zu einer andern Arbeit dieser Art? Du s o l l s t e i n e n B e- c h e r m e i s s e l n. Warum er? für w e n ?

Zu

Zu welchem Gebrauche? Hat der Dichter einen nöthig? Oder hat ihm der Ruhm des Künstlers in solcher Arbeit Lust gemacht, auch ein Werk von seiner Hand zu besitzen? Oder hat er übriges rohes Silber, mit dem er nichts anders anzufangen weifs, als einen Becher daraus verfertigen zu lassen? Beantworten Sie sich diese Fragen, wenn Sie können, ich kann es nicht. Einen Frühlingsbecher. Was ist das, ein Frühlingsbecher? Das erträglichste, was man zur Erklärung dieses gesuchten Wortes noch zu ersinnen weifs, ist, dafs man es auf einen dem Frühling geweihten Becher hindeutet. Allein warum verlangt er einen solchen? Wird eben ein dem Frühling geheiligtes Fest gefeyert? Es sey, aber sieht ein Pokal anders aus, wenn man ihn einem Gotte zu Ehren, als wenn man ihn auf die Gesundheit eines Freundes leert? — Wollte er eine nähere Bestimmung hinzusetzen, so mufste sie auf die Form des Bechers gehen, und nicht auf die Person, welcher zu Ehren er ausgetrunken werden sollte. So, aber

aber ist sie müssig und ohne Sinn. Und nun vollends einen süssen Frühlingsbecher. Ein lächerlicheres Beywort war nicht aufzufinden. Giebt es auch saure Frühlingsbecher?

Zuerst die Stunde, die uns die angenehmen Rosen bringet, oder wie man sonst noch lesen, interpretiren und conjecturiren mag; es kommt allemal darauf hinaus, dafs der Künstler dem Dichter die rosenbringende Stunde verfertigen soll. Unserm Nachahmer geht es hier wie allen denen, die bey einem äufserst schwachen Magen niemals verdauen, was sie gelesen haben. Die rosenbringende Stunde ist zwar eine schöne Umschreibung des Frühlings, allein gerade hier am aller unschicklichsten Orte angebracht. Der Scholasticus will den Frühling als ein personificirtes Bild vorgestellt, und dennoch löset er hier das Bild sich und seiner Absicht gerade zum Trotz. Und nun den Zusammenhang. Der Künstler soll einen Frühlingsbecher verfertigen, zuerst den Frühling. Ist der Frühling

Frühling ein Theil von dem Frühlingsbecher? oder wie soll man es verstehen?
— Doch wir lassen das, die Abschreiber
haben vielleicht den Sinn entstellt. Aber
wohin? oder wie? soll denn der Frühling gebildet werden? besonders oder
auf den Becher? — Lesteres konnte
der Verfasser unmöglich wollen, indem die
nächstfolgenden Verse geradezu widerspre-
chen, denn der Künstler konnte ja nicht
eher auf den Becher etwas bilden, als bis
der Becher vollendet war: wollte er aber
das Erstere, zu was Ende?

Wenn ein Kunstrichter schon in den
ersten Zeilen eines Gedichtes so viel Un-
sinn findet, und entdeckt, daſs der Verfasser eben so krank an der Vernunft, als
am Geschmacke ist, so hält er sich für be-
rechtigt zu sagen, daſs es unter aller Kritik sey, und legt das Gedicht bey Seite.
Und das wird ihm in der That kein billi-
ger Mann verargen. Allein wenn man
aus seiner Kritik sich unterrichten, und
nicht bloſs wissen will, daſs das Werk
schlecht

schlecht ist, sondern warum es dieß ist, so kann man sich nicht mit einer solchen allgemeinen Abfertigung begnügen. Der Kritiker muſs sich schon einmal in eine ausführliche Beurtheilung einlaſſen, wenn man aus seiner Beurtheilung lernen soll. Und lernen, das wollen und sollen auch Sie in dieser Stunde; ich muſs mich also schon, so widrig mir es auch ist, diesem elenden Nachahmer auf seinem Wege zu folgen, dennoch entschlieſsen, die Zergliederung seines Gedichts fortzusetzen, und Sie bey jedem Schritte auf seine Verkehrtheit aufmerksam zu machen. Er fährt nun also fort:

Und wenn du das Silber getrieben haſt, ſo mache mir eine angenehme Trinkgeſellſchaft. Vorher hatte der Verf. mit keinem Worte angedeutet, aus was für einer Materie und von was für einem καλλιτεχνιτης er den Becher verfertiget haben wolle. Jzt kommt das Silber ganz unerwartet, und es war unverſtändig-sclaviſch gedacht, vorauszuſetzen, daſs der Leſer

seine

feine Gedanken von felbft aus dem vor Augen gehabten Originale wittern werde. Mache mir eine angenehme Trinkgefellfchaft. Das wohin? ift hier fehr übel vergeffen, befonders wenn man die Anakreontifche Ode mit vergleicht; denn da er immer noch den erften Theil derfelben, oder die 6. erften Verfe nachahmt, in welchen Anakreon erft von der Bearbeitung des Silbers und keineswegs noch von den Figuren fpricht, die Hephäftos darauf abbilden foll, fo müfte man ohnehin glauben, der Verf. wolle auch die Trinkgefellfchaft nicht geftochen auf den Becher, fondern von maffivem Silber gebildet, welches aber gewifs feine Meinung nicht war. Und nun, wie kommt die Trinkgefellfchaft zum Frühling? Waren die Trinkfefte in diefer Jahreszeit? Bringt der Lenz die Trauben zur Reife? Schwelgt man gerne unter Blüthenduft im Weine? — Das Beywort angenehm, das fchon im 3. V. da war, und hier überhaupt keine Kraft hat, hätte

kein

kein guter Dichter fo früh, und in einem kleinen Liede gar nicht wiederholt.

Nur dafs du ja nichts meiffelſt, was den Feſten beym Weine fremd iſt, nur keine verhaſste Geſchichte. Mit dieſen Verſen charakteriſirt ſich der elende Nachahmer ganz. Zu geſchweigen, dafs er ſich in das Wort meiſſeln und in die Weinfeſte im Frühling verliebt zu haben ſcheint; dafs bey einer angenehmen Trinkgeſellſchaft die Erinnerung unnöthig iſt, nichts den Weinfeſten fremdes dazu zu bilden; dafs die verhafste Geſchichte nicht pröſaiſcher hätte können ausgedruckt werden; ſo macht ſich der Dichter, da der Künſtler keine Urſache hatte, ohne ſein Geheifs ihm jemals verhafste Geſchichten auf den Becher zu bilden, durch ſeine Erinnerung äuſſerſt lächerlich. Das heifst den Todten gebieten, dafs ſie weder Hand noch Fufs bewegen ſollen, bis auf den jüngſten Tag! — Wenn Anakreon dem Hephäſtos ſagte, er ſolle ihm nicht die

C Pleia-

Pleiaden, den Bären und den fürchlichen Orion auf den Becher bilden; fo war das ganz was anders. Anakreon hatte Grund, ihm das zu fagen: denn Hephäftos bildete ja wirklich alle diefe Geftirne auf den Schild des Achilles.

Lieber aber mache mir Bacchus, Zeus Sohn, und Cypris, die Priefterin der Begierden, die die Hochzeitreigen anführt. Ein ungefchickter Gegenfatz! — Nichts ($\mu\eta$-$\tau\iota$) was den Feften beym Weine fremd ift, keine verhafste Gefchichte, fondern — Bacchus und Cypris. Sind Bacchus und Cypris Sachen und Gefchichten? — Wenn er vorhero Perfonen angeführt hätte, die in einem gegenfeitigen Verhältniffe mit Bacchus und Cypris ftehen, fo wäre der Gegenfatz fchicklich, aber izt kommen fie ganz ohne Beruf. Zwecklos find die beygefetzten Eigenfchaften, fowohl von Bacchus als von Cypris. Denn einmal mufte der Künftler fchon wiffen, wer Bacchus und Cypris ift,

und

und der Dichter brauchte fie ihm nicht erft bekannt zu machen; zweitens, follte fie aber der Künftler darnach bilden, fo fragt fich, wird **Bacchus Figur** durch die Anzeige feiner Geburt näher beftimmt? und welche **Hochzeitreigen** follen denn bey einer angenehmen **Trinkgefellfchaft** von Cypris angeführt werden? — Auch der **Priefterin der Begierden** fehlt es an Natur!

Schneide anbewaffnete Eroten und lachende Grazien unter einen wohlbelaubten, traubenfchweren, breitgefchmückten Weinftock. Wahrlich ein epithetenreicher Dichter! So reich war Anakreon nicht, der fagte ganz fimpel: „mache mir Weinftöcke und Trauben daran." Allein unfer Verfaffer hier fcheint überhaupt unerfchöpflich an Einfällen zur Verzierung feines Bechers zu feyn. Man hätte denken follen, er habe nun endlich genug an der Stunde, welche die angenehmen Rofen bringt, an der angenehmen

Trink-

Trinkgefellfchaft, an Bacchus, Zeus Sohn, und Cypris, der Priefterin der Begierden. Aber nein! Auch die Liebesgötter und die Huldgöttinnen müffen noch auf die Welt herunter, um unter einem Weinftocke zu liegen. Mich wunderts, dafs er nicht den ganzen Olymp herabfteigen liefs! Eine vollftändige Götterverfammlung wäre ohne Zweifel ein noch majeftätifcheres Emblem auf einen Frühlingsbecher gewefen! — Freylich kann man es dem armen Manne nicht verdenken. Anakreon wollte ja nur zwey Götter, Bacchus und Amor, und konnte ihnen noch überdiefs einen fchicklichen Platz in der Kelter anweifen; er aber hatte gar keine nöthig, befonders unter den wohlbelaubten, traubenfchweren und breitgefchmückten Weinftock; gleichwohl hielt ers doch für ein Verbrechen gegen fein Original, einen folchen Umftand in der Nachahmung zu vergeffen, und war auch zugleich ehrenrührig genug, um nicht fein

eige-

eigenes Genie noch in einigen Amplificationen zeigen zu follen.

Aber nun haben doch endlich deine Forderungen ein Ende? wird der gefchickte Künftler hier dem Dichter zurufen: „Behüte!"

Füge noch wohlgeftalte Knaben hinzu, und darneben möge Apollo fpielen! — Woher der fpielende Apollo kommt, läfst fich nicht mit Gewifsheit fagen; denn in dem ganzen Anakreontifchen Liedchen findet fich keine Spur weder von Apollo, noch von einem Spiele. Vermuthlich wollte der Dichter die Eroten und Grazien unter dem Weinftocke nicht einfchlafen laffen, und giebt ihnen deshalb einen Lautenfpieler zum Zeitvertreibe. Die wohlgeftalten Knaben aber hat wohl nur Anakreons Bathyll erzeugt!

Sie haben es nun gefehen, m. H. wie fich diefer Nachahmer krümmet und windet,

det, wie fauer er es fich werden läfst, um mit feinen Schmetterlingsfittigen dem Originale nachzufliegen, aber umfonſt! je weiter, defto näher der Erde, auf der er zulezt aus Ohnmacht liegen bleibt. Man darf fagen, wie in Anakreons Liedchen Schönheit, Scherz und Naivetät mit jedem Zuge wachfen; fo wird hier der Unfinn mit jedem Worte ärger, und die Abgefchmacktheit des Verfaſſers fichtbarer. Es ift aber ganz natürlich. Denn einmal ift diefe Art von Nachahmung die allerunterfte, und dann hat der Verfaffer noch obendrein das Original nicht verftanden und feinen Geift nicht gefafst.

Bezöge fich Anakreons Lied nicht auf die Gefchichte von den Waffen Achills; hätte er unter Hephäftos nicht jenen Gott, zu welchem Thetis ihre Zuflucht nahm, fondern blofs einen unbekannten groffen Künftler verftanden; wäre feine Anrede an ihn nicht Scherz, fondern Ernft: fo würde zwar das Lied noch nicht fchlecht, aber

aber auch nicht halb fo fchön und noch weniger vortreflich feyn. Auf diefen drey Punkten beruht die Hauptfchönheit und der meifterhafte Witz diefes Liedchens, und gerade diefe drey hat der Nachahmer überfehen. Daher der groffe Abftand zwifchen Original und Copie. Daher in diefer alles ohne Zweck und Geſichtspunkt, ohne Grund und Bezug!

Anakreon redet Hephäftos an, und man verfteht fogleich, was er will; der Ungenannte wendet fich an einen unbekannten Künftler, und man weifs nicht warum? Jener fagt nur im Scherze, wenn Hephäftos einmal dies Silber verarbeite, fo möchte er ihm einen Pokal daraus verfertigen; diefer aber verlangt im Ernfte einen von dem Künftler, und giebt eben dadurch feinem Gedichte das Anfehen einer Beftellung an den Silberfchmied, die er lieber in Profa hätte ausfertigen follen, als in Verfen. Wirklich enthalten auch diefe ein fo buntes Gemifche von Silbenmaaßen, dafs fie nahe

nahe an profaifchen Rhythmus gränzen, und noch überdies, weil fie einmal doch Verfe und Anakreontifche Verfe feyn follen, das an die regelmäfsigen, reinen und wohlklingenden Jamben Anakreons gewöhnte Ohr des Lefers aufs empfindlichfte beleidigen. Es fehlt aber dem Verfaffer auch überhaupt an Gefchmack. Daher die Ungefchicklichkeit in Anrede und Wendungen, daher die fchaalen Gegenfätze, die lächerlichen Erinnerungen, die unnatürlichen Ausdrücke, die unfinnigen Bilder, die gefuchten Veränderungen (mache, meifsle, fchneide, füge), die Wiederholung des nemlichen Wortes, die Ueberladung mit Epitheten, und die Unerfättlichkeit in der Verzierung, daher überhaupt die Unnatur nnd das Misverhältnifs der ganzen Compofition.

Dies fey nun genug zum Schluffe meiner Vorlefungen über Anakreon! — Jch wollte Jhnen, m. H. durch diefe angeftellte vergleichende Kritik nur einen Fingerzeig

zeig geben, wie behutsam Sie nun bey fortgesetzter Privatlectüre der nicht erwiesen ächten Stücke in Bewunderung ihrer Schönheiten zu Werke gehen müssen. Trauen Sie nicht jedem gelehrten Commentator, der gelehrteste kann Sie in der Sache des Geschmacks irre leiten. Selbst das sonnenklar elende Werk, das wir heute zergliederten, hat seine Vertheidiger gefunden. Der sonst so leise fühlende Baxter schimpft in seiner Ausgabe auf den naseweisen Le Fevre, wie er sich ausdrückt, dafs er dem elegantesten Dichter dies Lied abbetrügen, und in die Zahl der untergeschobenen setzen wolle. Man sollte denken, eine solche Verblendung bey einem solchen Manne wäre unmöglich, und doch ist sie wahr. Auch andre Erklärer wissen von Eleganz und Anmuth in diesem Liede zu reden. Seyn Sie also auf Ihrer Hut, und gewöhnen Sie sich nur, immer selbst zu denken und selbst zu untersuchen.

Sie wandern nun, m. H. in den Sitz der Musen und der Gelehrsamkeit, und werden inskünftige Gelegenheit genug haben, Jhrer Liebe zur griechischen Litteratur Nahrung und Feuer zu geben. Fahren Sie nur so fort, und lassen Sie sich durch keine Schwierigkeiten abhalten, auf der einmal rühmlich betretenen Bahn weiter zu gehen. Dank sey Jhnen, dafs Sie meinen Wunsch und meine Hoffnung, die ich bey dem Anfange dieser Vorlesungen äusserte, nicht getäuscht haben. Ja, es war wirklich bey Jhnen nicht blofs aufwallende jugendliche Hitze, sondern schon ächte Wifsbegierde des werdenden Mannes. Jch freue mich darüber aufs innigste, und fühle mich für meine Mühe reichlich belohnt, wenn Sie überzeugt sind, dafs Sie keine meiner Vorlesungen verliefsen, ohne etwas neues und nützliches gelernt zu haben. Und ich weifs es, das find Sie. Nehmen Sie alles, was ich habe, mein ganzes Herz, und, wenn ich es sagen darf, auch meinen Seegen mit. Jch schätze Sie nicht blofs,

ich

ich liebe Sie auch, denn Sie verdienen es.
Die lezte Bitte, die ich an Sie habe, ist
diese: vergeſſen Sie über Jhren zukünftigen Lehrern Jhren erſten Freund nicht,
der Sie auf den Weg des Geſchmacks zu
leiten ſuchte; auch ich werde es gewiſs
nie vergeſſen, daſs meine erſten Zuhörer
die fleiſſigſten und lehrbegierigſten, die
ſchätzenswertheſten und liebenswürdigſten
Jünglinge waren.

Nachschrift
an das gelehrte Publicum,

Die Hauptabsicht dieser Blätter wird das Individuelle derselben, dessen Beybehaltung ich ausserdem selbst verwerflich finden würde, und den Mangel des bey solchen Fällen nicht anwendbaren „*Nonum prematur in annum*" entschuldigen. Jch war so glücklich, auf einem Gymnasium Zuhörer zu bekommen, wie sie manchmal ein akademischer Lehrer vergeblich wünscht, und konnte sie nicht von mir ziehen lassen, ohne ihnen ein immerwährendes Andenken mitzugeben. Dazu wuste ich nichts schicklicheres als den Abdruck meiner lezten Vorlesung. Vielleicht ist ihr Gegenstand auch andern jungen Anfängern, die nicht blofs der Sprache wegen, sondern vorzüglich zur Bildung des Geschmacks fchmacks die alten Dichter ftudieren wollen, anziehend und nützlich. Ausführliche Kritiken über einzelne kleine Gedichte der Alten find ohnehin keine fo alltägliche Erfcheinung, dafs man fchon aufhören könnte, fie zu wünfchen.

Schwäbifchhalle, im October. 1790.

G.